M^{GNEUR} LOPEZ MENDOZA

ÉVÊQUE DE JACA

ET

SON DIOCÈSE

Par un Ami de l'Espagne

Hommage à Sa Grandeur

à l'occasion

de son assistance au Couronnement

de Notre-Dame de Sarrance

M^{GNEUR} LOPEZ MENDOZA

ÉVÊQUE DE JACA

ET

SON DIOCÈSE

Par un Ami de l'Espagne

Hommage à Sa Grandeur

à l'occasion

de son assistance au Couronnement

de Notre-Dame de Sarrance

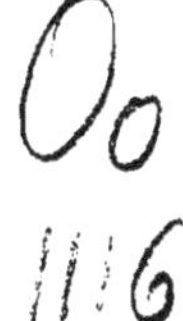

UN HOTE DE MGR L'ÉVÊQUE DE BAYONNE

Après la visite de Monseigneur l'Evêque de Bayonne à Jaca, vers la fin du mois de mai, une brochure paraissait dans cette ville, signée de M. le chanoine doctoral, D. Gabriel Llompart y Santandreu. L'éminent auteur, qui venait de passer quelques jours dans notre diocèse, y reproduisait de précieux renseignements sur la biographie et les œuvres de Monseigneur Jauffret; il jetait, en finissant, un rapide coup d'œil sur les monuments ou les institutions qui avaient plus particulièrement frappé son attention pendant son séjour au milieu de nous.

C'est par ordre de Monseigneur l'Évêque de Jaca que M. le Doctoral, en homme d'esprit et de cœur, rendait cet hommage sympathique à Monseigneur l'Evêque de Bayonne et à son Diocèse : c'est par ordre de Monseigneur l'Evêque de Bayonne que nous avons écrit ces quelques pages, destinées à faire connaître à nos compatriotes l'un des prélats qui daigneront assister au couronnement de Notre-Dame de Sarrance et le Diocèse qu'il gouverne depuis deux ans à peine.

Monseigneur l'Évêque de Jaca

Monseigneur Joseph LOPEZ MENDOZA Y GARCIA est né à Frias, ville du diocèse et de la province de Burgos, le 4 février 1848. Sa famille y jouissait de la meilleure réputation et comptait parmi les plus religieuses du pays ; aussi l'éducation du jeune Joseph fut-elle inspirée par les principes les plus chrétiens.

Ses progrès furent rapides. A douze ans, il était déjà familiarisé avec la langue latine, qu'il écrit et parle avec une rare pureté. Au séminaire de Burgos, où il fit les Humanités, la Philosophie et deux années de Théologie, il fut toujours classé parmi les meilleurs élèves pour sa conduite exemplaire, son application et son intelligence.

En 1865, un Père augustin, ardent missionnaire des Philippines, parcourait les séminaires d'Espagne en quête de recrues pour les missions de la Chine, du Japon, de l'Océanie. Le jeune Lopez se laissa toucher par la parole enflammée du célèbre missionnaire, et docile à l'appel de la grâce, il alla au Collège royal de Valladolid demander l'habit de Saint Augustin, avec l'intention de se consacrer aux missions de l'Asie.

En vain les professeurs du séminaire de Burgos firent-ils les plus flatteuses instances pour retenir un élève qui leur faisait tant d'honneur : il fallut plier et se rendre devant son énergique résolution. Le 15 septembre 1866, Frère Lopez prenait l'habit de Saint Augustin au Collège de Valladolid, véritable pépinière d'ouvriers apostoliques; à la fin de son noviciat, en 1867, il recommença ses études philosophiques et compléta avec beaucoup de distinction son cours de théologie.

Ses aptitudes avaient été promptement appréciées par ses supérieurs, qui n'hésitèrent pas à le faire passer du banc des élèves à la chaire du maître. Il professa la théologie, à Valladolid, pendant quatre ans, et dépassa les espérances de ceux qui l'avaient élevé, malgré sa jeunesse, à ces hautes fonctions.

En 1877, le P. Lopez était envoyé à Rome pour y étudier, sous les maîtres les plus illustres, le droit civil et canonique et prendre en cette Faculté le grade de docteur. Il profita si bien de son séjour dans la Ville Éternelle qu'il passe pour l'un des meilleurs canonistes d'Espagne. C'est lui qui a rédigé, jusqu'à son élévation à l'épiscopat, la partie canonique de l'importante publication : *La Revista Agustiniana*.

Les Pères Augustins possèdent à *Santa Maria de la Vid*, province de Burgos, une grande maison d'études supérieures, où les jeunes religieux de l'Ordre cultivent toutes les branches des sciences sacrées. Le P. Lopez, à son retour de Rome, y occupa les chaires de théologie dogmatique et de droit canon. Mais l'enseignement ne suffisait pas à l'impatiente activité du professeur, qui rêvait toujours de conquête des âmes. Toutes ses vacances étaient consacrées à prêcher des missions dans les diverses paroisses du diocèse *del Burgo de Osma*. Aranda de Duero, el Burgo, Gomara, Noviercas, etc., lui offraient un vaste champ où son zèle et son éloquence récoltaient des fruits abondants.

Prédicateur fécond, à la parole chaude et facile, à l'expression simple et limpide, il semblait se jouer dans le domaine de la théologie et des Saintes Écritures. Toujours évangélique, toujours apostolique dans ses sermons, il attirait au pied de sa chaire des foules toujours avides de l'entendre.

En 1885, les supérieurs de l'Ordre le nommaient sous-directeur et Père spirituel du Collège royal de l'Escurial, qui est confié aux Augustins. Il joignit à cette double charge l'enseignement de la philosophie et de la langue française, lorsque le choix de la divine Providence vint lui imposer de plus lourdes responsabilités en l'appelant au siège épiscopal de Jaca, en février 1891.

Prédicateur de Sa Majesté, Mgr Lopez est de plus maître en sacrée théologie, titre qui est conféré par la Sacrée Congrégation des Évêques et Réguliers aux plus éminents religieux de l'Ordre de Saint Augustin, sur la présentation du Général.

La première lettre pastorale du jeune prélat, datée du 1er octobre 1891, a pour but d'exposer au troupeau que le Ciel vient de lui confier le programme qu'il s'est tracé, et qu'il espère réaliser avec le concours de tous, et surtout l'aide de Dieu. Mais, avant d'aborder ce point capital, le vénérable écrivain esquisse à grands traits la divine constitution de l'Église dans son origine et son développement, sa perpétuité à travers les âges, sa mission civilisatrice chez toutes les nations. Chemin faisant, il trace un parallèle magistral du savant livré à ses lumières naturelles et du vrai sage guidé par la lumière de la Révélation et de l'Église. On sent dans cette partie le profond théologien et l'orateur au souffle puissant. Dans la dernière, où il épanche son âme dans celles de ses diocésains, on pourrait résumer toutes les aspirations du nouveau prélat en deux mots : Être docteur et pasteur, instruire et aimer, — aimer surtout ; — car on voit bien dans cette profession de foi que l'amour des âmes sera la vraie caractéristique du gouvernement de Mgr Lopez, qui a été au-delà de ses promesses.

La pastorale du Carême de 1893 semble écrite au fond d'un cloître, tant elle respire l'esprit de pénitence, l'amour de la Croix et le dévouement au Saint Siège apostolique. C'est avec un sentiment d'envie qu'on y lit cette belle page où Mgr de Jaca se félicite de pouvoir hautement proclamer que, dans ce pays de montagnes, pas un de ses diocésains n'a renié la foi de ces vaillants ancêtres qui versèrent leur sang pour arracher le sol de la patrie aux infidèles ; ce n'est malheureusement pas en France que l'on pourrait se vanter de ne trouver dans les rangs des incrédules que des étrangers.

Tel est le passé de l'hôte auguste que Mgr l'Évêque de Bayonne recevra dans quelques jours. On peut en augurer sans témérité que l'avenir lui réserve de brillantes destinées.

Le Diocèse de Jaca

D'après des conjectures qui ne manquent pas d'une certaine probabilité, l'existence du diocèse de Jaca serait constatée dès le IXe siècle. On trouve, en effet, aux archives de la cathédrale des documents où il est fait mention d'un évêque qui vivait, à cette époque, au monastère de Sasave, situé près de la ville de Borau, dans le voisinage de la frontière française ;

on a découvert dans l'église de ce même monastère de très anciens tombeaux, contenant les restes de plusieurs évêques.

Ce qu'il y a de certain, c'est que Jaca avait des évêques au XIe siècle. En 1063, sous Ramire Ier, cette ville fut le siège d'un concile où neuf évêques furent présents et qui fut confirmé par saint Grégoire VII, à la demande de Garcia, fils du roi d'Aragon et évêque de Jaca (1). Il se tint dans la cathédrale actuelle, qui se terminait alors et devait dans quelques mois remplacer une vieille église, située presque à côté, sur la place Saint-Pierre. On y décréta que Jaca serait le chef-lieu de l'évêché du Huesca, dont la ville épiscopale était tombée au pouvoir des Maures. Lorsque, trente ans après, les Aragonais reconquirent Huesca, les deux diocèses restèrent unis jusqu'en 1572, où Philippe II, en vertu d'une bulle de Pie IV, datée de 1565, les sépara définitivement et nomma au siège de Jaca Pierre del Frago.

Depuis cette époque jusqu'à nos jours, quarante-deux évêques ont succédé à Pierre del Frago. Quelques-uns d'entre eux furent de célèbres théologiens, comme François Polanco, minime du XVIIIe siècle, qui a composé un excellent traité de théologie ; Manuel de la Riva, mort, il n'y a pas cinquante ans, archevêque de Saragosse. D'autres furent d'éminents canonistes : à leur tête, Michel Garcia Cuesta, promu en 1851 à l'archevêché de Compostelle, qui restera comme l'une des plus remarquables figures de l'Église d'Espagne dans l'histoire contemporaine.

Il est juste de réserver un souvenir particulier au prédécesseur de l'évêque actuel, à Mgr Raymond Fernandez Lafita qui, de doyen du chapitre et vicaire capitulaire devenu évêque du diocèse, le gouverna pendant plus de vingt-cinq ans avec une sagesse et une prudence auxquelles un bon juge, le regretté Mgr Ducellier, aimait à rendre hommage dans la visite qu'il faisait à cet éminent prélat, en 1884

Le diocèse de Jaca, d'une superficie à peu près égale à celle du département des Basses-Pyrénées, ne compte guère plus de 72,000 habitants, répartis entre 8 archiprêtrés et 178 paroisses.

Le centre principal est la ville épiscopale, qui se trouve à trente-un kilomètres de la frontière. Peuplée d'environ cinq mille âmes, elle est assise sur les bords du *Rio de Aragon*, au fond d'une gorge dominée de tous côtés par de hautes montagnes. Le voisinage des neiges et l'altitude considérable — 819 mètres — en rendent le climat très rigoureux pendant la majeure partie de l'année. Les murailles qui l'enserrent sont d'une époque antérieure à l'invention de l'artillerie et tombent de délabrement : c'est une ruine dont on ne se préoccupe guère quand on se réfugie sous les frais ombrages des grands arbres dont tout le périmètre extérieur de la place est planté.

L'une des six portes conduit à la citadelle, bâtie par Philippe III et convertie aujourd'hui en caserne depuis que, à 300 mètres au-dessus, dans le flanc de la montagne, on vient de bâtir une forteresse qui commande au loin toutes les avenues, principalement celle de France.

Mais aucun monument ne mérite une sérieuse attention, sauf la cathédrale.

La Cathédrale

Comme nous l'avons dit plus haut, la cathédrale actuelle est du XIe siècle, avec quelques remaniements du XIVe et du XVe. Elle était inaugurée et consacrée le 12 décembre 1063.

Elle appartient, dans l'ensemble, au style romano-byzantin, et à l'examiner dans ses détails, il paraît évident qu'elle est l'œuvre du même architecte ou du moins de la même école que l'église Sainte-Croix d'Oloron, dont la première pierre était posée quelques années plus tard.

Elle mesure 60 mètres de long sur 25 de large. Des trois nefs qui la composent, la principale, gracieuse et élancée, a une légèreté peu commune aux églises romanes. Au centre, selon l'usage d'Espagne, le chœur coupe la nef. Les boiseries en sont riches et de bon goût; les connaisseurs admirent les livres de chant de dimensions extraordinaires, écrits à la main sur un très fort parchemin qui défie l'injure du temps.

Le sanctuaire, très vaste pour les proportions du vaisseau, est décoré de fresques remarquables peintes par Bayen, à la fin du XVIIIe siècle. Le maître-autel, peu en harmonie avec le style de la cathédrale, est surmonté d'un baldaquin supporté par quatre colonnes de bois; derrière, tout au fond, un deuxième autel, moins monumental, est couronné de trois châsses : au milieu, celle de sainte Eurosie, patronne de la ville et du diocèse, — à gauche et à droite, celles de Saint Voto et de saint Félix, ermites de San Juan de la Peña.

Tout autour de l'édifice s'étale une charmante couronne de treize chapelles, parmi lesquelles il faut distinguer celle de saint Michel, pour la perfection artistique des figures et des ornements de la façade, fouillés dans une pierre noire d'une extrême dureté; — celle de saint Sébastien, où l'on admire une belle toile représentant le martyre du Saint et attribuée au peintre français Valentin Pedro, qui mourut jeune en 1632. Mais, entre toutes, la plus remarquable est, sans contredit, la chapelle de la Très Sainte Trinité, dans laquelle l'art du sculpteur s'est donné libre carrière;

pas un pouce de marbre que son ciseau ait respecté : le rétable et les statues sont d'un fini incomparable ; celle qui représente le Père Éternel pourrait bien être une copie du *Moïse* de Michel-Ange.

En entrant dans la cathédrale par le grand portail, on aperçoit à l'intérieur, sur sa gauche, une chapelle d'une vingtaine de mètres de longueur et comme soudée à angle droit aux pieds de l'édifice : elle est consacrée à sainte Eurosie et sert aux offices paroissiaux. Un peu plus loin, une porte sans apparence donne accès dans un vaste cloître réservé aux chanoines ; sur le côté droit se trouvent la sacristie avec son riche trésor en ornements et vases sacrés, la salle capitulaire, la bibliothèque, le vestiaire et des habitations pour quelques serviteurs du chapitre. Parallèlement à la cathédrale, on est tout surpris d'avoir encore à visiter une véritable église, dédiée à Notre-Dame del Pilar et qui remonte au XIIe siècle. Elle est destinée aux exercices de la confrérie de ce nom.

La révolution de 1833 a dépossédé le chapitre d'un grand nombre de maisons voisines, qui lui servaient de logement.

Le Chapitre

Le chapitre de Jaca n'est pas moins ancien que l'église à laquelle il est affecté. Peu après la célébration du concile de Jaca, le 13 avril 1063, le roi Ramire, de sa résidence de San Juan de la Peña, fait donation à l'apôtre saint Pierre, à l'Église de Jaca et à ses chanoines, de treize églises, avec l'assentiment de l'évêque Sancho. Le successeur de Sancho, Garcia, imposa à son chapitre la règle de saint Augustin, qu'il suivit jusqu'à sa sécularisation, à la fin du XIIIe siècle.

Depuis cette époque le nombre des chanoines resta fixé à quinze, et il en fut ainsi jusqu'au concordat conclu, en 1851, entre le Pape Pie IX et la reine Isabelle II. En vertu de l'article 7 de cette convention, la cathédrale de Jaca, comme d'ailleurs la plus grande partie des cathédrales d'Espagne, sauf les métropoles, a aujourd'hui seize chanoines et douze bénéficiers. Les chanoines sont nommés tour à tour par la couronne et par l'Évêque, à l'exception du Doyen, qui est exclusivement à la nomination du Roi et d'un simple chanoine qui, conformément au droit commun, est nommé par le Pape et porte, pour ce motif, le titre de chanoine de Sa Sainteté. Le Doctoral, le Magistral, le Lectoral et le Pénitencier sont choisis au concours par l'évêque et le chapitre.

Voici les règles suivies en pareille circonstance :

Lorsque l'un de ces quatre canonicats, appelés *de oposicion*, vient à vaquer, l'évêque du diocèse notifie cette vacance à tous les évêchés d'Espagne et fixe un délai de soixante jours, durant lequel les candidats qui réunissent les conditions requises peuvent se faire inscrire, en personne ou par procureur.

Les soixante jours expirés, le concours est ouvert dans l'église cathédrale devant une commission présidée par l'évêque et en présence de tous les chanoines. Toutes les épreuves sont publiques.

Chaque concurrent, à son tour, soutient pendant une heure une thèse à son choix sur trois prises au sort dans *Le Maître des sentences,* ou dans les Décrétales de Grégoire IX, s'il est question d'un concours pour le canonicat du Doctoral. Il doit répondre ensuite durant une seconde heure à deux objections de chacun de ses rivaux ; puis il argumente à deux reprises, à son tour, une demi-heure chaque fois. Enfin, il prononce une homélie d'une heure sur l'un des trois sujets tirés, au sort, du Nouveau-Testament, ou bien, si le concours a lieu pour la nomination du Doctoral, il plaide et juge, à son choix, l'un des trois procès que le sort lui assigne.

Vingt-quatre heures de préparation sont accordées pour chaque exercice.

Lorsque les épreuves sont terminées, la messe du Saint-Esprit est célébrée par un chanoine en présence de l'Évêque et du chapitre, et elle est suivie de l'élection canonique au scrutin secret.

Les autres canonicats *(canonjias de gracia)* étaient pourvus jusqu'à ce jour sans concours ni condition aucune. Mais par un décret de date récente, concerté entre le Saint-Siège et le gouvernement espagnol, il a été statué que la moitié des canonicats vacants serait donnée au concours, que l'autre serait réservée aux ecclésiastiques qui auraient rempli pendant deux ans la charge de chapelain royal dans l'une des chapelles royales de Tolède, de Séville ou de Grenade, ou pendant trois ans celle de chanoine d'office dans une collégiale, ou pendant quatre ans celle de bénéficier dans une métropole, de chanoine de grâce dans une collégiale, etc., etc.

Le Doyen est le président du chapitre. Après lui viennent les dignités d'Archiprêtre, d'Archidiacre, de Chantre, d'Écolâtre *(maëstrescuelas).* Le Doyen reçoit 5,000 fr. de traitement ; les quatre dignitaires et les quatre chanoines nommés au concours, 3,500 ; les simples chanoines, 3,000 ; les bénéficiers, 1,500.

Le costume canonial se compose d'un rochet se rapprochant beaucoup de la cotta romaine, d'un camail rouge ou d'hermine, selon la saison, et d'un long manteau de soie noire à parements rouges.

Par concession du feu roi Alphonse XII, le chapitre de Jaca, en corps, est qualifié d'*Excellentissime* et *Illustrissime.* Le gouvernement ne reconnaît

aux autres chapitres d'Espagne que le titre d'*Illustrissime*. Individuellement, les chanoines sont traités de *Très Illustre (Muy Ilustre)*.

Le Séminaire

On ignore en Espagne la distinction, si connue en France, de grands séminaires et de petits séminaires. A Jaca, comme dans les autres diocèses de la péninsule, l'enseignement secondaire et l'enseignement théologique sont donnés aux jeunes lévites dans un établissement unique, qui d'ailleurs est fort convenablement organisé. Nous savons que Mgr Lopez, mettant à profit l'expérience de sa vie entière, a apporté à la discipline et à la marche des études de profondes modifications, que le temps, nous l'espérons, lui permettra de compléter.

Jusqu'à son avènement, le programme des études secondaires n'était pas fort chargé et ne réclamait que deux professeurs. Point de mathématiques, point de grec, point de langues étrangères. La Philosophie comptait deux chaires, dont une d'Arithmétique, de Géométrie et de Physique. En Théologie, les cours étaient fort nombreux et confiés, pour la plupart, aux membres du chapitre les plus en vue. M. le doctoral, D. G. Llompart, étant vicaire capitulaire, n'a pas dédaigné de professer au *Seminario conciliar* l'Histoire de l'Église et le Droit canonique. Entre autres particularités, nous signalons deux chaires que l'on ne trouve pas partout dans les grands séminaires de France : celles d'*Institutions bibliques*, et de *Patrologie et Éloquence sacrée*.

Les séminaristes ne portent pas le costume ecclésiastique pendant les vacances.

Les jeunes gens qui ne se destinent pas au sanctuaire trouvent au collège des Pères des Écoles Pies, à Jaca, un enseignement complet et subissent leurs examens de fin d'année devant les professeurs de l'Institut (Lycée) de Huesca.

Le Monastère de San Juan de la Peña

A une demi-journée de Jaca s'élève une montagne célèbre dans l'histoire, parce que de son sommet a été poussé le premier cri de guerre contre l'Arabe, maître de l'Aragon, comme du reste de l'Espagne.

C'était au IX⁰ siècle. Un saint ermite, nommé *Juan de Atarés*, retiré sur ces hauteurs, vivait dans une grotte admirable, creusée par la main de la nature, à cent mètres au-dessous d'une vaste esplanade qui couronne la montagne et domine tout le pays. Il transforma la grotte en chapelle, comme nous l'apprend l'épitaphe gravée sur sa tombe et dont voici la traduction littérale :

« Moi, Jean, premier ermite de ce lieu, dédaignant le siècle présent pour l'amour de Dieu, j'ai construit, comme mes forces me l'ont permis, cette église en l'honneur de saint Jean-Baptiste, et ici je repose. — Amen. »

A sa mort, son renom de sainteté appela les foules. Les princes chrétiens, qui avaient mieux aimé se réfugier sur ces montagnes que de se soumettre au joug des Sarrazins, lui donnèrent la sépulture ; et dans cette même grotte qui conservait ses restes, ils concertèrent les articles du célèbre *fuero de Sobrarbe*. Puis, animés de l'esprit du saint ermite, ils commencèrent la guerre de la délivrance et cette longue suite de victoires qui rejetèrent enfin le Maure sur le sol africain, d'où il était venu.

Cependant la grotte de Juan de Atarés n'était pas restée déserte depuis sa mort. Peu de temps après l'entrée des Sarrazins à Saragosse, deux frères originaires de cette ville, deux saints, étaient venus l'habiter. C'étaient saint Voto et saint Félix. Autour d'eux se groupèrent des cénobites, et bientôt une communauté régulière se formait, qui fut la première de l'Espagne à adopter la réforme de Cluny.

Mais la pauvre chapelle du premier ermite ne convenait plus à un grand monastère. A sa place s'éleva une merveille d'architecture, où l'art et la patience de plusieurs générations de moines se sont plu à sculpter et à denteler la pierre avec un luxe de perfection inconnu aux temps modernes. Ce chef-d'œuvre est bien digne d'abriter la dépouille des vingt-sept rois ou princes d'Aragon qui ont voulu reposer à côté de Juan de Atarés ; c'est un Saint-Denis qui, dans son genre, n'aurait pas à rougir d'être comparé à celui des rois de France.

A la fin du XVIIe siècle, les Bénédictins de San Juan de la Peña se transportèrent sur l'esplanade où ils avaient construit un vaste et magnifique monastère, aujourd'hui solitaire et silencieux, depuis l'expulsion des ordres monastiques en 1835. Un gardien, salarié par l'État, y remplace la nombreuse communauté de moines et, à la place des louanges du Seigneur, on n'y entend plus que les pas des touristes et l'expression attristée de leurs regrets et de leur admiration.

Les Fêtes de Sainte Eurosie, à Jaca

Si tout le monde ne peut tenter l'ascension de San Juan de la Peña, il ne faut plus aujourd'hui aux Français un prodige de bonne volonté pour assister aux fêtes annuelles de sainte Eurosie. Cette sainte, dont l'histoire est encore trop mêlée de légende, jouit dans le Haut-Aragon d'une grande popularité. Les esprits forts en souriront peut-être ; mais les pauvres laboureurs qui n'ont jamais vu leur confiance déçue, quand ils ont demandé à leur sainte de les préserver de la grêle ou de la sécheresse, seraient bien bons de s'inquiéter des esprits forts et de ne pas mettre en contribution le crédit dont elle leur donne de si bienfaisantes preuves.

C'est le 25 juin que Jaca célèbre sa fête. Nous n'avons pas l'idée en France de la pompe, de l'esprit de foi, de la naïve simplicité qui s'y déploient.

La veille au soir, le Conseil municipal, en corps, assiste aux vêpres, à l'issue desquelles il se rend, précédé du clergé, à la rencontre des pèlerins jusqu'à l'extrémité de la *Calle mayor*. De ce point la procession retourne à la cathédrale, les pèlerins portant robe noire, chapeau blanc attaché à l'épaule, bourdon à la main et croix de métal suspendue au cou. A sept heures, le chant des matines, qui dure au moins jusqu'à dix heures. Alors commence la veillée de la Sainte. Partagés en plusieurs groupes, les pèlerins se succèdent devant son autel, pour y chanter des *Salve* sans relâche jusqu'au point du jour. Deux commissaires, l'un, du chapitre, l'autre, de la municipalité, assurent le maintien de l'ordre.

Dès trois heures du matin, à la chapelle de la Sainte, la messe des danseurs : car la danse, elle aussi, a son rôle dans la grande procession de la fête. Après la messe des danseurs, la foule sort de l'église, le chapelet à la main, et parcourt les rues, accompagnée par le chœur des chantres et la musique municipale. A neuf heures, autre procession, pour aller recevoir les croix de plus de quatre-vingts paroisses, qui envoient leurs délégués à ces solennités. Immédiatement après, messe pontificale avec les splendeurs des plus beaux jours, sermon d'apparat, prononcé cette année par Monseigneur lui-même, dont les Français présents à la cérémonie sont unanimes à louer la vibrante éloquence et l'ardent patriotisme.

Après la messe solennelle, nouvelle procession, la principale de la journée. Ce ne sont que croix et bannières de toutes formes et de toutes couleurs. On se rend au *Campo del Toro*. Les châsses des saints Voto, Félix et Indalécius précèdent celle de la Sainte, qui est portée par des prêtres sous un dais de damas rouge. Immédiatement devant les reliques de sainte Eurosie, les danseurs évoluent au son d'antiques instruments à cordes et de cornemuses, tous armés de tambours de basque ou de castagnettes, dont ils jouent en cadence avec une infatigable dextérité.

Derrière la châsse le clergé s'avance, suivi du conseil municipal, de la musique municipale et d'un détachement de la garnison.

Arrivés au *Campo del Toro,* le clergé et le conseil municipal montent à la chapelle destinée à l'exposition des saintes reliques. Les délégués du chapitre ouvrent la chasse, et aussitôt deux ecclésiastiques étalent à la pieuse curiosité des fidèles les quarante voiles qui recouvrent le corps sacré, tous plus riches les uns que les autres. Enfin, l'Evêque, s'il est présent, ou, à son défaut, le premier dignitaire du chapitre, élève aux yeux de tous la précieuse châsse pendant l'espace de huit minutes, ni plus ni moins, tandis que les joyeuses volées des cloches de la cathédrale et les salves d'artillerie de la citadelle annoncent au loin le moment solennel. C'est merveille de voir alors le profond recueillement de la foule, sa ferveur à prier, son empressement à faire toucher au corps saint habits, chapelets et médailles.

Il est déjà une heure avancée de l'après-midi quand la procession rentre à la cathédrale.

Telle est la partie traditionnelle et invariable des fêtes de sainte Eurosie. Nous n'avons rien à dire de ce qui change avec le temps, ni des réjouissances profanes dont elles sont l'occasion.

Avant même d'arriver dans notre pays, Monseigneur l'Evêque de Jaca n'y est plus maintenant un inconnu; ses enfants n'y sont plus des étrangers. Remercions la sainte Eglise de Dieu, qui seule abaisse les frontières et fait germer dans les âmes la vraie et sincère fraternité.

Un Ami de l'Espagne.

Bayonne, imprimerie L. Lasserre.